susanne C. schnippering

grandmas blue chamber
was heaven in childhood

grandmas blue chamber

was heaven in childhood

susanne C. schnippering

Impressum

Gestaltung

minimü-art, Basel

Herstellung und Verlag

BoD - Books on Demand, Norderstedt

ISBN 9783738602166

© 2014

Alle Rechte vorbehalten.

✱ 1903
† 1982

wie sie war?

Taschentuchspucke

Es gibt Erinnerungen, bei denen man sich nicht wirklich sicher ist, ob sie zum eigenen Leben gehören oder ob sie nicht doch irgendeiner gemeinsamen Übereinkunft entspringen; einer seltsam geheimen Absprache über das Sein von Grossmüttern.

Letzten Sommer sass ich mit einer Freundin auf einem Spielplatz, ihre Kleine tollte im Sand und kam ein ums andere Mal zu schauen, ob wir wohl noch da waren.
Ebenso tat es das Kind mit der Grossmutter, die sich eine Bank weiter niedergelassen hatte. Es kam, schaute und drückte sich, nach einem kurzen Nicken ihrerseits, unbeholfen saftige Erdbeeren in den Mund, die in einem Korb neben ihr standen. Dabei verschmierte es sich Hände und Gesicht.
Ein Knuff in die Seite deutete mir genauer hinzuschauen. Die Alte hatte ihr Häkelwerk beiseite gelegt und hielt nun den Jungen sanft am Arm. Er wiederum in völliger Starre am Boden festgenagelt, mit einer Mischung aus

Ehrfurcht und Entsetzen, stierte auf ihr Gesicht.
Und sie; sie benetzte ihren Daumen mit Spucke,
führte diesen zu seiner Wange, rieb kräftig einen
Erdbeerspritzer fort!

Uns entfuhr bei dieser Geste ein angewidertes
Geräusch, welches von tief innen unbedacht
seinen Weg fand.
Du liebe Güte, das hab ich gehasst; tönte es mit
so viel ehrlich erinnertem Ekel neben mir, dass
ich lauthals lachen musste.
Ja, erwiderte ich inbrünstig.
Auf dem Heimweg beschlich mich dennoch ein
merkwürdiges Erinnern.

Grossmutter war das, was man landläufig eine
Trümmerfrau nannte. Willensstark und praktisch
kühl veranlagt. Bedacht auf ihre
Eigenständigkeit, konnte sie allen Widrigkeiten
des Lebens mit Bestimmtheit trotzen. Doch es
war genau diese Haltung, die sie stets zu etwas
Unnahbarem machte.
Jeder Versuch mich an körperliche Zuneigung zu
erinnern lief ins Leere. Nie hatte sie mich in den
Arm genommen oder gar auf den Schoss, es

umgab sie ein Feld aus Kraft, die sie mit Bedacht für sich behielt.

Warum also war ich der Meinung, eine solch nahe, liebevoll gemeinte Geste wie die auf dem Spielplatz beobachtete, erinnern zu können?

Die Daumenspuckattacke erfuhr in den nächsten Wochen einige zwiespältige Ergänzungen. Viele gestanden mir das Ekelgefühl, welches sie nach wie vor körperlich zu spüren glaubten. Abgeschwächt wurde dies nur durch den Gebrauch eines Taschentuchs, das einige ihren Grossmüttern in die Hände dichteten. Doch allen Erinnerungen gemein war eine zärtliche Betrachtung von Geborgenheit, die sich nach Überwindung der Kindheit eingestellt hatte. Vielleicht war es diese Idee von Geborgenheit, die ich so unbedingt in mein Heranwachsen einbinden wollte, dies Gefühl von aus körperlicher Nähe entspringender Sicherheit, das ich mir wünschte.

Eingestehen musste ich aber, dass ich dies nicht kennengelernt hatte von Grossmutter.

Das Taschentuch andererseits hatte ich in lebhafter Erinnerung. Es kam vielseitig zum Einsatz, in Wasser getaucht und angereicht, konnte ich mir selbst Flecken, Dreck, Rotz oder gar Blut von aufgeschlagenen Knien abwischen. Bemerkenswert - nie hat sie zum Befeuchten Spucke benutzt, immer fand sie Wasserhähne, Brunnen, Pfützen, Bachläufe.

Auf dem Weg in die Wiesen blutete mal meine Nase und hilfesuchend blickte ich Grossmutter an.
Mit einem:
warte, angewiesen mich auf den grossen Stein neben dem Baum am Eingang zu den Wiesen zu setzen, ging sie dann festen Schrittes zum nahegelegenen Obstgemüsehändler. Minuten später, das Naseblutens hatte mittlerweile aufgehört, reichte sie mir aufrecht vor mir stehend das durchtränkte Stofftaschentuch, damit ich unter genauer Beobachtung Gesicht und Hals reinigte.
Das nasse und blutverschmierte Tuch nahm sie dann wie eine Trophäe an sich:
gut, dann weiter.

Beim Fortgehen hielt sie es zum Trocknen locker in der Hand.

Diese altmodischen Nasentücher trage ich noch heute mit mir herum und so sehr ich mich mühe, ich finde zwischen all den Gefühlen rund um Grossmutter keinen Ekel.

weitsichtig

wie sie war?

Milchreisliebe

Milchreis ist so eine Sache für sich; kaum jemand, der dazu nicht eine Gefühlsregung hätte. Die Gefühlsspannbreite reicht von absolutem Ekel bis hin zu sehnsuchtsvollem Einatmen. Dieses Gericht scheint unweigerlich eine Kindheitserinnerung und die Geschichten dazu reisen in die Vergangenheit.

Wie lange ich gebraucht habe, Konsistenz, Farbe und Geschmack meiner Erinnerung anzupassen? Etliche Kilo Milchreis und viele angebrannte Töpfe brachten nach Jahren des Experimentierens ein beinah zufriedenstellendes Ergebnis.

Wenn ich heute in der Küche am Tisch sitze; vor der Schale und den Löffel in diese weisse, dampfende Masse eintauchen lasse, in dem Versuch, die goldgelben zerfliessenden Butterflocken, den sich darin auflösenden Zucker einzuteilen, steigt mir der Duft von Zimt, der sich wie kleine Inseln auf gelber See ausmacht, in die Nase. Mit diesem Duft und dem Geschmack im Mund schliesse ich die Augen, beschwöre ein

wohlig warmes Gefühl in der Magengegend in der Hoffnung, es möge sich in meinem ganzen Körper ausweiten, mich umhüllen – sacht tragend mitnehmen.
Mitnehmen in Grossmutters Wohnstube, welche neben dem riesigen Schrank, dem Tisch, dem Sofa und dem Ohrensessel auch eine Kochnische beherbergte. Gleich rechts neben dem Fenster, durch das ich während der Zubereitung des Milchreises das Treiben auf der Strasse beobachten konnte.

Milchreis gab es bei ihr zu jeder Jahreszeit, sommers mit Roter Grütze, winters mit eingewecktem Apfelmus, doch immer mit Butter und Zimtzuckermischung. Und Milchreis kochte sie nicht einfach so, sondern erst nach einem bestimmten beinah herrischen Blick in mein Gesicht, der besagte:
es ist mal wieder Zeit.

Mit der Zubereitung war über die Jahre eine Lektion verbunden, die ich erst sehr viel später nach ihrem Tod verstand.
Das Prozedere war stets das gleiche; nach besagtem Blick, musste ich im Ohrensessel Platz

nehmen, darin ich zwischen Kissen und Decke versank und abwarten.

Die eigentliche Zubereitung, das Kochen, dauerte vier mal fünf Minuten. Fünf Minuten waren ihre Lieblingszeiteinheit und genau die Spanne, die ich an Warten aufbringen konnte, bevor ich fragte:
wann?
Dann drehte sie sich zu mir, blickte mich halb von der Tür der Kochnische verdeckt an und sagte:
noch fünf Minuten.

Der Zweite, für den vollendeten Genuss entscheidende und für mich weitaus schlimmere Akt der Zubereitung kam mit ihrem Heraustreten aus der Kochnische. Der warme vanillebuttrige Duft hatte sich bereits in meiner Nase eingenistet, mir rann Spucke die Kehle herunter und sie trat mit dem geschlossenen Topf auf mich zu, nahm die weissgelbkarierte wollene Kinderdecke aus dem Schrank, die bereits einige braune kreisrunde Flecken aufwies, wickelte diese um den Topf, setzte ihn mir auf den Schoss und dazu:

warte.

Schon wieder, immer noch.

Die Wärme drang durch die Decke auf meinen Schoss, steigerte zu Beginn meine sehnsuchtsvolle Unruhe.

Doch im Verlauf von bis zu acht mal fünf Minuten beschlich mich, begleitet von den knappen und dennoch liebevollen Antworten meiner Grossmutter, ein sanftes Gefühl von Vorfreude bis mich tief empfundene Dankbarkeit für ihr Dasein durchfloss.

Heute bilde ich mir ein, dass sie diese Dankbarkeit spürte, wenn sie mir den Topf vom Schoss nahm, damit zur Kochnische trat, die Konsistenz prüfte, nochmals Milch unter die Masse rührte und eine Schale füllte. Diese bekam ich mit einem Holzlöffel zurück auf den Schoss. Es war die einzige Mahlzeit, die ich nicht am Tisch essen musste. Bei der Übergabe der Schale richtete ich meinen Kindskörper im Ohrensessel auf, schaute mit erwartungsvollen Augen erst auf die Schale in ihren faltigen

Händen, dann auf ihren Mund, aus dem immer leise der Satz flog:
du musst Geduld haben mit dem Leben.

Meine mittlerweile den Raum überflutende Dankbarkeit steigerte sich noch mit dem ersten Löffel Milchreis, den ich mir mit allzu grosser Hast in meinen Mund schob und an dem ich mir häufig die Zunge verbrannte, zu kindlicher bedingungsloser Liebe.

Und die Lektion?
Sie sagte nicht:
du musst Geduld haben *im* Leben.
Sie sagte:
mit dem Leben.

So oft ich diesen Satz damals in Vorfreude auf den Genuss überhörte, so oft musste ich später daran zurückdenken. Nur langsam erschloss sich mir der Sinn hinter dieser kleinen Satzfeinheit so wie dem wortkargen Wesen meiner Grossmutter.

geduldig

wie sie war?

Kirschbaumkind

Einmal fragte ich Grossmutter:
was bin ich?
Was! Nicht wer. - bei der Frage: was? deutete sich in ihren Mundwinkeln ein Lächeln an.
Auch wenn sie eigentlich nicht meine Grossmutter war, denn in die Familie kam ich erst im Kindergartenalter, auch wenn ich nie so richtig verstand, welches Band uns miteinander verknüpfte, so bemühte sie sich stets ernsthaft mit einer distanzierten Liebe, mir das Gefühl zu vermitteln, sie frei fragen zu dürfen, was und wie immer ich wollte. Nie verbesserte sie meine Fragen, sondern liess sie einfach im Raum stehen und sann über eine Antwort nach. Manches Mal bekam ich diese erst Tage später.

So sass ich an einem Spätfrühlingstag auf der Holzbank hinter dem Schuppen und sah den Zitronenfaltern, die sich zwischen den Kirschbaumästen tummelten beim Tanzen zu. An meinem Arm zeigte sich tiefrot ein Handabdruck und meine Wange war angeschwollen von der Ohrfeige wegen nicht gemachter Küchenarbeit.

Stumm setzte sie sich neben mich, versank in meinen Anblick.
Ahnend, dass sie zu einer längeren Rede ansetzte, wagte ich nicht zu Blinzeln. Sie reichte mir aus ihrer Rocktasche ein mit Spitze umrandetes Stofftaschentuch, damit wischte ich meine schon angetrockneten Tränen vom Gesicht, darauf bedacht nicht zu fest über die Wange zu fahren.

Schau, atmete sie tief aus,
schau wie weiss die Blüten sind,
wie viel Leben darum.

Meine Ohren wuchsen zu Rhabarberblättern,
dass ich ja kein Wort überhörte.

Dieser Baum ist die Nachgeburt *meines* Sohnes.
Ein Fremder half damals für ein paar Wochen im Garten aus. Er vergrub es im eisharten Boden mit ein paar Kernen. Die hatte er noch in seiner Uniform. Die Maiglöckchen waren vorher schon dort.
Kaum zu atmen wagend verkniff ich mir die Frage: Nachgeburt?

Es gab keine Zeit, sich um die Beete zu kümmern.
Der alte Zigeuner ging kurz nach der Geburt. Das
Haus musste weiter aufgebaut werden. Der
Baum war dann da. Jahre später -
eine Sauerkirsche, nicht mal schön gewachsen.
Klein, hinterhältig verbogen. Wie der Sohn.
Härte trat in ihr Gesicht. Für diesen Moment war
es vorbei. Sie erhob sich plötzlich um Jahre
gealtert und ging.

Wochen später rief sie mich vom Spielen zu sich
auf die Bank:
siehst du ihn?

Einen Stein sah ich direkt am Stamm des
Baumes:
den hab ich auf dem Acker gefunden, das bist
Du.
Entsetzt schaute ich sie an, das war nun die
Antwort? Ein Stein sollte ich sein?

Wie von langer Hand vorbereitet:
eines Tages, wenn ich nicht mehr bin, wird mein
Sohn über dich stolpern. Seine Hässlichkeit wird
dir Schmerz bereiten. Bis sie für alle zu sehen ist.
Es tut mir leid.

Und leichter:
komm, wir gehen zu Nachbars, Kirschen ernten.

Zu Nachbars, dass waren fünf Minuten Fussweg einmal um den Häuserblock. Das Haupthaus eines alten Hofes aus Vorkriegszeiten mit ausgetretenem Steinfussboden in der Wohndiele, dahinter ein grosszügiger Obstbaumgarten.
Grossmutters Vertraute nahm uns mit der Übergabe leerer Körbe in Empfang und nickte nur nachdenklich bei meinem Anblick.

Schweigend füllten sich die Körbe mit saftigen Kirschen, dann gab es Milch und Brote.

Ein rechtes Erntekind hast du da, begann Nachbars Grossmutter am Tisch.
Ja, ein Herbstkind, ausdauernd zäh.
Und sind diese Kirschbäume auch Nachgeburten?
Und neugierig, bedachte Grossmutter meine hastig gestellte Frage.
Lass sie, es ist gut, lachte die andere strahlend.
Ja, alles Kirschbaumkinder. Sind sie nicht schön?
Und die Herzkirschen jedes Jahr eine Pracht. So

kann es auch gehen. Und du, meine Kleine bist du auch ein Kirschbaumkind?
Noch bevor ich Luft holen konnte, antwortete Grossmutter traurig ob ihrer kommenden Worte für mich:
nein, ein Stolperstein.

Stillstand erfüllte den klarblauen Himmel, kein Kirschbaumblatt rührte sich. Für eine atemraubende Kleinstewigkeit schaute mir Nachbars Grossmutter ernst in die blauen Augen, schob dann das Brett mit den Broten vor meinen Teller:
iss noch eine Stulle, Kind. Iss soviel du magst. Du wirst es brauchen.

Beim Eindunkeln verabschiedeten wir uns. Anerkennend strich mir Nachbars Grossmutter erst sanft über die blauschimmernde aufgeplatzte Lippe, dann mit Nachdruck über die Haare und schliesslich hielt sie vorsichtig mein bepflastertes Kinn in der Hand, richtete mit sanftem Druck meinen Blick zu dem ihren aus und flüsterte:
Stolpersteine mag ich; sind was Besonderes und wissen es nicht - komm wieder, wenn du magst.

fehlbar

wie sie war?

Stocklauffreiheit

Grossmutter war oft unterwegs; raus aus dem Dorf, vorbei an den Gestüten zu den brachliegenden Äckern, an den Fluss, in das alte Torfmoor. Den baufälligen Asphalt, aus dem die alte Pflastersteine auftauchten unter den Füssen, die raumgreifend ausschritten, sich ihrer Kraft erinnernd immer ein Ziel im Visier - so schien es.

Ihre schon robuste, stämmige Figur bekam ein weiteres Wesen auf den Feldern. Als wüchse sie aus ihrem Körper hinaus, bildete sich um sie herum lichter Hochnebel, in dessen Gefolge leichteres Atmen möglich war, trotz der mit den Ausflügen verbundenen Anstrengungen des Schritthaltens und Staunens.
Wenn sie stehen blieb, war es nicht etwa, um auf mich zu warten, sondern eine Stelle zu markieren, die sich einzuprägen eine schweigende Verpflichtung darstellte. Die ersten Male wurde diese Aufgabe gestellt mit einem: schau hin.
Später ging sie bereits weiter, wenn ich die Stelle knapp erreicht hatte.

Sollte ich heute rote Kreuze auf all diese Aussichtspunkte zeichnen, so könnte ich davon ausgehen, dass diese Schatzkarte der augenblicklichen Entdeckungen kaum genügend Platz für eine erkennbare Struktur oder gar ihren Lebensweg bieten würde. Alle Kreuze wären gleichen Gewichts, ein grosses Ziel zum Schatz vielleicht irgendeiner Erkenntnis über sie gab es nicht. Alles war von Bedeutung, ein Stein, eine Pflanze, ein Käfer, die Richtung, der Ausblick. Woran die Augen hängen blieben, die ihren oder die meinen, ob es genau das war, was sie mir deuten wollte, war nie wirklich sicher. Doch wohl genau dies Rätselhafte schien mir unentbehrlich spannend.

Zu erahnen, wann es dort hinaus ging, war mir eine liebgewordene Aufgabe, denn stets war dies verknüpft mit Einblicken in eine Welt, die aufzunehmen ein Vergnügen besonderer Art für mich darstellte.
Hingegen die andere Richtung ins Dorf war mir mit Widerwillen verbunden. Während Grossmutter in den Feldern frei und kräftig in einen Bewegungsfluss verfiel, schien sie auf diesem Weg enger zu werden. Auch wenn sie

ihre äussere Form behielt, so ergab sich die Notwendigkeit eines Gehstocks, dessen Bedeutung mir erklärungsbedürftig schien.

Schau hin, sagte sie beim Schliessen der Haustür, sich in Bewegung setzend, den Stock in der rechten Faust, die Linke ausbalancierend den ungewohnten dritten Fuss. Bis zur Pause neben der Kirche an der alten Eiche hatte sie Mühe in den Takt zu kommen.
Mein Wunsch, sie würde diesen Dreibeinlauf stoppen, die Richtung wechseln auf die Felder, wich bei jedem weiteren Gang ins Dorf dem Gefühl schmerzhafter Traurigkeit ob dem Erkennen, dass sie, einmal eine Richtung eingeschlagen, nie umkehren würde. Mehr aus Verzweiflung denn aus Neugier schaute ich gemäss ihrer Anweisung genau hin.
Mit der Anwesenheit des Stockes ging eine praktische Notwendigkeit des Raumschaffens einher. Zwei Punkte ergaben eine Linie, drei einen minimalen Raum. So stach sie förmlich den Stock mit einer eckigen Bewegung seitlich vor sich ein, markierte damit die Richtung und den Radius ihres nächsten Schrittes, verlagerte das Gewicht zu diesem alleinstehenden Punkt,

mühselige Sekunden der Anstrengung vergingen, bis sie in den so erschaffenen Kreis, nicht ohne Bedacht eines Fehltrittes, beinah zu springen schien.
Kein leicht freudiger Herzenssprung, mehr ein um Freiheit ringendes Herumstochern in einem Gebilde aus brüchigem Grund, auf dem uns Schattengestalten den Weg zu versperren drohten.

Besonders deutlich wurde mir dies bei den über die Jahre seltener werdenden Kirchgängen der vorweihnachtlichen Zeit. Hart erarbeitete Besinnung in einer der vorderen Kirchbänke. Die freundlich nickenden Wachposten, die eigenen Schützengräben und Notunterstände der Gleichgesinnten wurden weniger mit den Jahren, bis Grossmutter trotz des langjährig eingeübten Stocklaufs aus dem Gleichgewicht kam, dort auf den schwankenden Planken des Kirchenschiffs.

treu

wie sie war?

Schneekaltfüsse

Mit den immer seltener werdenden Gängen in das Dorf, erhöhten sich die Ausflüge auf die Felder. Es gab Tage, da Grossmutter bis zu drei oder gar vier Mal diesen stummen Weg einschlug, ohne auf Wetter oder Tageszeiten zu achten. Tage, an denen sie in der Wohnung nicht einmal den Mantel auszog, nur auf Zwischenstation, um sich erneut auf zu machen, dort hinaus.
Eine Unruhe, ein Drang, gar ein Begehren, das es zu stillen galt. Sie schien etwas verloren zu haben, etwas von dringlicher Bedeutung. Sie hoffte, es zu finden auf den kahlen Äckern, zwischen den verfallenen Zäunen, vereinsamten Bäumen, ausgetrockneten Rinnsalen.
Je kälter es wurde im Jahr, desto wesentlicher wurde die Spurensuche:
schau.
Selbst bei Wind, Glätte und Schneekälte war ihr dies vertraut Traurige von solch grossem Anreiz, dass sie nicht scheute den verzweifelten Weg entlang zu laufen.

Um sie begleiten zu können, musste ich auf der Hut sein, ihren sich verändernden Blick wahrnehmen, nicht verpassen, eilig meine Sachen zusammen raffen, ihr folgen: vergiss den Schal nicht.

Den ersten dieser Gänge habe ich wohl verpasst. Eingeschlafen in wohlig warmer Stube, erwachte ich durch ihre zurückgekehrte Anwesenheit. Dort in der Mitte des Raumes, der durch die Strassenbeleuchtung zwielichtig dämmerte, stand sie als aufrechte Gestalt, kraftstrahlend mit einem sanften Lächeln auf Mund und Augen, die Brust geweitet, der Körper verjüngt entspannt, wie konnte das sein?

Es war an einem Sonntag, früh dunkelte der Tag, Anspannung breitete sich über die Stunden, mit Mühsal sass sie strickend im Ohrensessel. Die Wärme des Kachelofens bullerte durch die Wohnstube, erhitzte Ohren, Hände und die nackten Füsse, die ich über die Lehne des Sofas baumeln liess. Gegen den Schlaf ankämpfend.

Nur nicht den Moment verpassen, der winzige Augenschlag, das Aufblitzen hinter der Brille: jetzt.

Das ruckartige Aufrichten, der Schwung in die Beine, hinaus. Zu schnell für mich, hastete ich nun aufgeschreckt lärmend auf die Strasse, sah sie um die Ecke verschwinden.
Immer wieder ausrutschend auf dem von Schnee und Eis verdeckten Boden, holte ich sie nach dem Ahornstein ein, schloss mich ihrem Marsch über die Felder an. Den Berg an Kleidung noch im Arm, mühte ich mich Schritt zu halten, während ich mich gegen die Kälte wappnete. Die Jacke noch offen, Tränen von der schneidenden Kälte auf den Wangen, zog ich mir die Kapuze über den Braunschopf.

Als hätte sie trotz flinkem Vorwärtsgang darauf gewartet, drehte sie sich unvermittelt um; ich schlug direkt in sie ein. Soviel Grossmutterkörper hatte ich zuvor nicht gespürt. Nicht trauend aufzublicken, versank ich zwischen ihrem Bauch und der weichen Brust, atmete sie tief ein. Grossmutterduft. So nah. So warm. Seife, Erde, Holz. Sandelholz, dachte ich viel später.

Den Moment abwartend, legte sie mir ihre
Hände leicht auf meine Schultern und drückte
mich sanft von sich, schaute mir ins Gesicht:
was hab ich gesagt?
Löste ihren Schal, band ihn mir um den blossen
Hals -
das ist besser, sonst greift sie dir in den Mund
und stiehlt sie dir.
Was?
Deine Stimme, geheimnisvoll zwinkerte sie über
mich hinweg. Ängstlich drehte ich mich um, doch
niemand war dort. Unter dem monderleuchteten
Zelt hatte sich auf weisskaltem Grund niemand
ausser uns versteckt.
Auf meine nackten Füsse blickend:
die Kälte raubt dir die Stimme;
lass es nicht zu, sonst machen sie mit dir was sie
wollen.

Von Weitem jagte der Wind die hellen
Glockenschläge der Abendandacht hin zu den
Feldern.
Komm weiter, so gingen wir sternerleuchtet von
Kälte angetrieben, bis ich meine Füsse nicht
mehr spürte, weit ins Moor.

leidenschaftlich

wie sie war?

Nasenflügelflugversuch

Ab einem gewissen Zeitpunkt vermied
Grossmutter den Gang ins Dorf. Der Friedhof
schien nicht mehr von Interesse, ihren Mann
dort zu besuchen, das Grab zu pflegen, überliess
sie nun der nächsten Generation wie sie sagte.
Nur in wenigen Ausnahmen ging sie etwa zum
Einkaufen oder zur Apotheke.
Bewaffnet mit einer Unmenge Taschen und
Körben, die sie an ihr Fahrrad hing, um es dann
fest mit beiden Händen am Lenker haltend die
Strasse entlang zu schieben bis zur Eiche des
Deutschen Liedes. Leise summend stimmte sie
dort angekommen eine Melodie an. So entstand
eine Stimmsäule, die sie aufrichtete, ihren
inwendigen Blick umkehrte:
na denn, leis trotzig schob sie weiter.

Irgendwann war auch das nicht mehr
ausreichend und so bekam ich die Wege
kennend ein ums andere Mal Botengänge zu
erledigen. Einkaufszettel und abgezähltes Geld
legte sie auf den Esstisch.
Zum Dank musste ich nun nicht mehr erahnen,
wann es auf die Felder ging, ein königliches

Winken mit der linken Hand war Zeichen zum Aufbruch. In ihrem Fortgehen sah ich das goldene Blinken am Finger, hörte noch:
vergiss den Schal nicht.
Es war auch die Zeit, zu der sie begann auf mich zu warten. Eingangs der Felder unter dem Ahornbaum, an den Stein gelehnt, auf ihre Hände schauend, lauschend.
Vielleicht über sich oder die Welt um sie herum sinnierend.
Vielleicht auch nur ausruhend vor dem nächsten Schritt.
Wenn ich sie eingeholt hatte, war es schwierig ihre Aufmerksamkeit in das Diesseits zu holen. Sie am Mantel oder gar Kleid zu zupfen wagte ich nicht. So ersann ich ein ums andere Mal kleine Spielchen mit denen ich mir sowohl die Zeit vertrieb als auch erhoffte ein Lächeln von ihr zu ernten. Dies Lächeln, das andeutete, bald würden wir gehen. Hinaus auf die Felder, hinein in ihre Erinnerungen.

Einmal stellte ich mich einfach neben sie. Eine Weile verging, Ruhe überkam mich, dann eine gewaltige Welle von Stille, die von jenseits in mich drang.

Mein Blick richtete sich gen Himmel, heftete sich an einen fallenden Samen. Die drei braunen Kugelgewichte zogen das saftige Hellgrün mit dem Wind in Schräglage auf den Boden. Die beiden samenumhüllenden Flügel rotierten, das Aufkommen auf den erdigen Grund sacht zu einem Hinabgleiten zu gestalten. Ein Windstoss vermehrte die Luftsegler, dessen ich mich anschickte einen davon mit der Hand aufzufangen, bevor er den Asphalt erreichte und womöglich dort zerbrach. Es gelang nicht, bei jedem Schnappen änderte der Samen plötzlich die Richtung vorbei an der Hand.

Nach etlichen Vergeblichkeiten trat Grossmutter auf mich zu, öffnete die linke Hand, nahm mit der Rechten den Samen auf, brach ihm die Flügel. Mit einer Geschicklichkeit, die mich in Staunen versetzte, teilte sie das Ende eines Flügels, entnahm den klebrigen Samen und drückte sich den Flügel auf die eigene Nase. Den anderen reichte sie mir. Ging abseits des Wegs hinein in die Felder.

Erst unschlüssig, dann es ihr nachahmend verpasste ich meiner Nase einen Flügel; die

klebrige Seite verband sich mit meiner Haut,
Spannung stellte sich beim Antrocknen ein,
kräftig zog ich Luft durch die Nase, füllte meine
Lungen bis zum Bersten, rannte Grossmutter auf
die umzäunten Äcker nach, einem Drang folgend,
beschrieb ich wirre Bahnen, umkreiste sie,
wirbelte mich um sie herum, brachte sie zum
Stehen, atemloses Lachen:
bin ganz leicht.
Fliege zu den Wolken.
Jauchzend warf ich mich vor ihre Beine, blickte
zu ihr hinauf.

Durch die Sonne geblendet, hörte ich ihren
traurig hellen Umriss:
wenn der Herr gewollt hätte, dass Männer
fliegen, hätte er ihnen dann nicht Flügel
gegeben?

traurig

wie sie war?

Blaumonsterangst

Zeit ist in der Kindheit wohl eher eine unbedeutende Angelegenheit. Auch wenn ich bereits in die Schule ging, so meinen Tag in Unterricht und Hausaufgaben einteilte, verbrachte ich viele Stunden in einem Fluss von anderen Wichtigkeiten. Oft im Spiel mit den Jungs aus der Gegend, die mich nicht immer ganz ernst nahmen, waren sie doch um einiges älter. Um es ihnen gleich zu tun, nahm ich viele Anstrengungen auf mich, liess mich zu manch einer Dummheit überreden.
So gross und mutig zu sein wie die anderen war ein Plan, der in der Umsetzung viel Überwindung kostete.
Herausfordernde Mutproben zu erfüllen half Grossmutter.

Immer belangreicher wurde es, bestimmte Filme im Fernsehen zu schauen, farbfernsehn verstand sich von selbst, auch wenn diese Geräte in der Nachbarschaft noch selten waren. Was ich eigentlich nicht durfte, gelang mit einiger Bittkunst bei Grossmutter in der Wohnstube.

So sass ich eines Abends im Schneidersitz an ein Wollkissen geklammert in kurzem Abstand zur Bildröhre, keine Kleinigkeit verpassend. Da flimmerte es im rasenden Tempo durch Jahrtausende. Auf einer merkwürdig anrührenden Maschine entdeckte ein Zeitforscher in der Zukunft Ungerechtigkeiten, lehnte sich gegen schrecklich grosse blaue Monster mit glühend roten Augen auf, bis die in ihr Schicksal allzu ergebene Menschengruppe, die als Nahrung für diese Monster herhalten musste, sich seiner anschloss und mutig das Grausen in die Flucht schlug.

Je glühender und blauer das Grausen wurde, desto näher kam ich rückwärts strebend an die im Ohrensessel befindlichen Beine meiner Grossmutter, die wohl mehr Interesse an mir denn an dem Film hatte.

Kaum begann der Abspann, erhob sie sich geräuschvoll, schaltete das Gerät ab, schaute mich traurig ernst an, ob dem Entsetzen in meinem Gesicht und der festen Umklammerung des Kissens.
Hunger?

Immer noch erstarrt auf die Röhre blickend, konnte ich nur ein Nicken hervorbringen, auf Milchreis hoffend erhob ich mich in kantig unbeholfenen Bemühungen, den Ohrensessel bereits als Zuflucht auserkoren - um erneut zu erstarren:
Kartoffeln sind im grossen Keller, durchfuhr es mich wie ein Blitz, doch Widerworte fand ich natürlich keine.
In diesem Moment die Gegenwart meiner Grossmutter - und sei es auch nur für einen winzigen Augenblick - zu verlassen, schien mir nahezu tödlich, dennoch war die Aufforderung so klar, dass jegliche Anstalten, sie nicht eintreten zu lassen, zwecklos waren.

In der festen Überzeugung nun meinen letzten Gang anzutreten, denn wo sonst als im Keller sollten diese fürchterlichen Wesen nun hausen, schlich ich Zeit schindend ins Treppenhaus, in soldatischer Aufmerksamkeit von einem Lichtschalter zum anderen, Gebiete erobernd, die mir Tags so vertraut vorkamen.
In die vor mir liegende Kellerdunkelheit lauschend, bedurfte es dreier Schritte zur kargen Erleuchtung des Raumes. Zumindest mal bis kurz

vor die Kartoffelschütte reichte nun der angestrengte Blick. Die Schütte jedoch barg die eigentliche Gefahrenquelle, wurde sie von ausserhalb gefüllt, der Verschlag oben verdeckt von einer Steinplatte, so dass nicht mal nächtliches Halbdunkel dort hineindrang, jedoch aber alles andere in meinem Kopf aufblühende Gefahrvolle. Das geforderte Gemüse in der hintersten Ecke. Spärliches Licht der nackten Glühbirne und des Mondes durch das Kellergitter liess mich beim Griff nach dem Geforderten erst meine Hand dann den Arm bis hinauf zur Schulter aus dem Blick verlieren. Mit felsenfester Sicherheit der Erwartung, diesen begleitet von einem markerschütternden Kreischen abgerissen zu bekommen, ergriff ich zwei Mal in Folge eine Kartoffel, dann die Flucht.

Unversehrt am Körper in die Wohnstube zurückgekehrt, schaute ich betreten drein, war doch meine Angst um so vieles grösser denn der mittlerweile bis auf ein Letztes verflogene Hunger.

Die grosse Pfanne mit einer ordentlichen Portion Speckwürfel auf dem Herd liessen die beiden Kartoffeln in meinen Händen um ein Weiteres schrumpfen.

Angst ist gut,
erwiderte Grossmutter meinen schamerfüllten Blick,
solange du deinen Weg findest.
Grossäugig fragend überreichte ich die Kartoffeln.
Die dann zubereiteten Speckeier mit Kartoffelscheiben liessen meine Scham schwinden, einvernehmend stumm leerten wir die karg gefüllten Teller, stumm trat ich den Gang ins Federweisse an, stumm fiel ich trotz des Erlebten in leichten Schlaf, immer noch mit der wirren Frage im Kopf, wozu Angst gut sein sollte.

demütig

wie sie war?

Gute Nacht Schweigen

Es gab unruhige Abende; da schlich ich heimlich nach dem Nachtessen im Haus die Treppe hinunter zu Grossmutter. Neben den ebenerdigen Räumen befanden sich zwei Halbgeschosse in ihrer Wohnung.

Durch eine kleine Tür im Flur trat man auf eine schiefe Treppe hinab in den zweigeteilten Keller. Der hintere Raum barg eine Unzahl an eingepassten Regalen bestückt mit Weckgläsern, diese gefüllt mit dem Obst und Gemüse, dass der Garten hinter dem Haus das Jahr über hergab.
In den vorderen Raum war eine Küche gebaut, in der ich oft meine Grossmutter des Abends arbeitend fand. Zwischen Nebelschwaden, denn das vergitterte Kellerfenster war als Abzug gänzlich ungeeignet, hantierte sie in völliger Vergessenheit mit Töpfen, Schalen und Messern, Vorräte anlegend für schlechtere Zeiten.

Wenn ich bereits barfüssig im Schlafanzug am Absatz der Treppe stand, bedurfte es einer Weile, bis sie meiner gewahr wurde. Doch wenn sie mich dann endlich anschaute, von dort unten mit erhitztem Gesicht, strahlend rotwangig und zerzaustem Weisshaarknoten, dann war ich froh.

Langsam stieg sie die Stufen zu mir hinauf, richtete ihre Frisur, nickte mir auffordernd zu, ging voraus zur zweiten Treppe.
Diese wiederrum führte linkerhand zum Badzimmer rechterhand zur Kammer. Die Möbel dort waren ebenfalls in Nischen gedrängt, so als ob Grossmutter das Haus um Schrank, Tisch und Stuhl sowie dem mächtigen Bett herumgebaut hätte.
Alles dort oben war dunkelholzig von der Zeit enthoben, massiv in meiner Welt stehend; selbst das mit weissen Leinen bezogene Federbett wog schwer auf meinem damals noch zerbrechlichen Kindskörper. Einzig das Kissen gab etwas schwerfällig nach, wenn ich meinen Kopf hineindrückte, so als müsse ich es überreden sich auf mich einzulassen. Zuvor hatte ich, kaum abwartend, dass Grossmutter die Decke zurückschlug, springender Weise, die hohe Federkernmatratze auf mich vorbereitet.
Ermattet legte ich mich dann kerzengerade und mit dem Deckenlicht wetteifernd leuchtend

nieder, faltete meine Zarthände über den noch
bebenden Bauch, was als Zeichen galt:
nun deck mich bitte zu.
Das tat Grossmutter dann; darauf folgend zog sie
den Stuhl vom Tisch neben das Bett, entzündete
eine Kerze auf dem Fenstersims, löschte das
grosse Licht und setzte sich, halberleuchtet von
der flackernden Flamme, stumm zu mir.

So sass sie aufrecht dort, aufmerksam in den
niederen Raum lauschend, meinem Atem
zuhörend vielleicht - ich wusste es nicht so
genau.
Doch ihre Haltung und genau dieses traurig
blaue Schweigen strahlten eine Stärke aus, die
mich in einen Zustand zuversichtlicher Müdigkeit
versetzte. Es schien als wisse sie um alles in der
Welt und es würde sie nichts davon aus der Ruhe
bringen.
So konnte ich mich vorsichtig aus meiner
täglichen Anspannung lösen, mich zu ihr
wendend seitlings erneut zu liegen kommen,
dem langsamer werdenden Zucken der
Augenlider nachspüren, die schwerer und
schwerer wurden ob dieser tiefblauen Ruhe.

Bevor der Schlaf mich zu sich zog, tastete ich mit einer Hand unter der Bettdecke hervor, berührte sacht ihr linkes Knie, nicht wagend ihre darauf liegende Hand zu fassen. Nur zwei Fingerspitzen, mutig genug ihre warme Haut leise zu erspüren.

Die feste Gewissheit, dass, sollte ich des Nachts aus einem Alptraum erwachen, sie immer noch genauso dasitzen würde, hiess mich loslassen und in den Schlaf gleiten, getragen vom Gute Nacht Schweigen, Grossmutters Atemwind in den Segeln auf das offene Traummeer.

Nachwort

Eltern erbten
Unaussprechliche Wut
Frassen sie wie Steine
Auf den Äckern
In sich hinein.

Felder erbrechen
Noch immer
Blutige Steine.

Und wir?

Kinder erben
Einsame Traurigkeit.

Wie viele Generationen
Überdauern
Kriegsschmerzen?

Blue Chamber

Taschentuchspucke	3
Milchreisliebe	10
Kirschbaumkind	17
Stocklauffreiheit	24
Schneekaltfüsse	30
Nasenflügelflugversuch	36
Blaumonsterangst	42
Gute Nacht Schweigen	49
Nachwort	53

susanne C. schnippering

geb. 1971
Hannover/Deutschland
Künstlerin und Ungereimtheit

arbeitet in Anlehnung an Zitate,
Sprichwörtern, Kinderreimen, Musik,
Liedstrophen, Prosa wie Gedichten

www.susanneschnippering.de
www.minimü-art.ch